¡Tu planeta te necesita!

PHILIP BUNTING

Traducción de Isabel Llasat Botija

RBA

Antepasada lejana...
Se podría decir que es tu
tatara-tatara-tatara
-(tropecientos millones de veces)-
abuela.

Antepasado platanero. →

En la naturaleza no hay residuos.

Empecemos por el principio. En la naturaleza no hay residuos. Ninguno. Cero. Cero patatero. Todo lo que nace de forma natural en la tierra acaba descompuesto y reutilizado de otra forma.

Ya sea plancton, una planta, una persona o un loro: nada se desperdicia, porque todos los trocitos que componen un ser vivo acaban de nuevo en la tierra para contribuir a una nueva vida.

Por poner un ejemplo:

1 La antepasada lejana se come un plátano y tira distraída la piel al suelo.

2 La antepasada lejana resbala sin querer con la piel. Y se mata.

3 Las bacterias empiezan a descomponer el cuerpo de la antepasada lejana y lo van devolviendo poco a poco a la tierra.

4 Los hongos, las hormigas, los gusanos y otros descomponedores desintegran aún más el cadáver y liberan todos sus nutrientes en el suelo.

5 Al cabo de un tiempo... ese suelo fértil y lleno de nutrientes es el hogar perfecto para una semilla de plátano.

6 La semilla brota y se convierte en plantón.

7 El plantón toma los nutrientes del suelo y se convierte en una bonita planta bananera.

8 Una antepasada lejana no hace caso de las enseñanzas de sus ancestros. Es el ciclo de la vida.

Aviso legal muy serio: en la producción de este libro no se ha hecho daño a ninguna antepasada lejana.

¿Por qué hay tanta basura en el mundo actual?

Durante la mayor parte de la historia de la humanidad, casi todo lo que utilizábamos, comíamos o construíamos (y también con lo que jugábamos) procedía de la tierra de forma natural. Por eso generábamos muy pocos residuos.

Juguete. Bueno. Mí gustar.

¡Atiza! ¡Qué juguete tan extraordinario!

Pero hace algo más de un siglo, los humanos, tan industriosos, nos pusimos a industrializar. Por primera vez en la historia empezamos a fabricar cosas con materiales que no se hallaban en la naturaleza. Y empezamos a fabricarlas en serie. A gran escala.

Cuantas más cosas fabricamos, más residuos producimos. Y nunca habíamos fabricado tantas cosas como ahora. En consecuencia, estamos fabricando también más basura que nunca (en todos los sentidos de la palabra).

¡Cómprame!

¡Nuevo!

¡Cómprame!

¡Nuevo!

Cada año creamos hasta una tonelada de residuos por persona. O sea, más o menos el equivalente a lo que pesaría un hipopótamo pequeño. Ahora piensa en toda la gente que conoces de tu familia, tu escuela, tu barrio, tu pueblo o tu ciudad... Eso es un montón de hipopótamos malolientes.

¡Eh, tú! ¡Deja en paz a los hipopótamos!

1 Un árbol crece felizmente en el bosque, sin meterse con nadie, absorbiendo dióxido de carbono de la atmósfera para convertirlo en un precioso oxígeno.

Vaya.

2 Alguien corta el árbol.

El dióxido de carbono (o CO_2) es un gas de efecto invernadero. Estos gases se quedan dando vueltas por la atmósfera y atrapan el calor. Demasiado CO_2 en la atmósfera significa que nuestro planeta se calienta en exceso.

¿Por qué los residuos son tan malos para el planeta?

Los residuos se generan cuando fabricamos cosas, y también cuando dejamos de utilizar esas cosas. Pongamos por caso un cuaderno. En casi todas las etapas de su vida útil se producen residuos. Por desgracia, esto es lo que pasa con casi todo lo que utilizamos, comemos o vestimos. Y también con las cosas con las que jugamos.

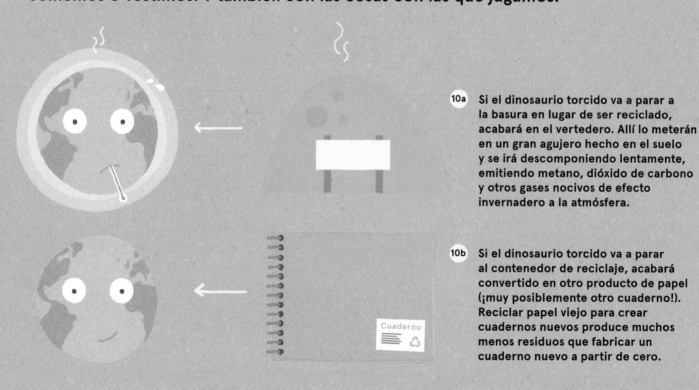

10a Si el dinosaurio torcido va a parar a la basura en lugar de ser reciclado, acabará en el vertedero. Allí lo meterán en un gran agujero hecho en el suelo y se irá descomponiendo lentamente, emitiendo metano, dióxido de carbono y otros gases nocivos de efecto invernadero a la atmósfera.

10b Si el dinosaurio torcido va a parar al contenedor de reciclaje, acabará convertido en otro producto de papel (¡muy posiblemente otro cuaderno!). Reciclar papel viejo para crear cuadernos nuevos produce muchos menos residuos que fabricar un cuaderno nuevo a partir de cero.

Cuaderno

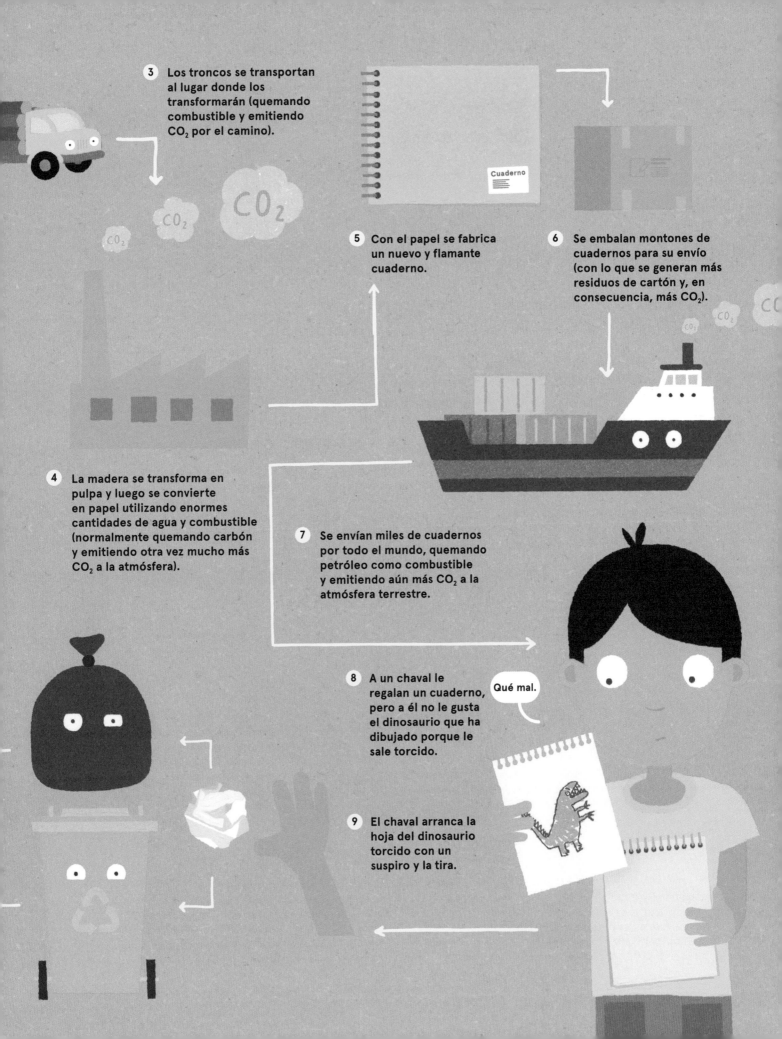

3 Los troncos se transportan al lugar donde los transformarán (quemando combustible y emitiendo CO_2 por el camino).

CO_2 CO_2 CO_2

Cuaderno

5 Con el papel se fabrica un nuevo y flamante cuaderno.

6 Se embalan montones de cuadernos para su envío (con lo que se generan más residuos de cartón y, en consecuencia, más CO_2).

CO_2 CO_2 CO_2

4 La madera se transforma en pulpa y luego se convierte en papel utilizando enormes cantidades de agua y combustible (normalmente quemando carbón y emitiendo otra vez mucho más CO_2 a la atmósfera).

7 Se envían miles de cuadernos por todo el mundo, quemando petróleo como combustible y emitiendo aún más CO_2 a la atmósfera terrestre.

8 A un chaval le regalan un cuaderno, pero a él no le gusta el dinosaurio que ha dibujado porque le sale torcido.

Qué mal.

9 El chaval arranca la hoja del dinosaurio torcido con un suspiro y la tira.

¿Qué tipo de basura producimos en casa?

Los residuos son una parte inevitable de nuestra vida. Es muy importante que entendamos qué residuos producimos para poder empezar a hacer algo al respecto.

Como pasa con tantos otros temas en nuestro maravilloso mundo, el mejor lugar para empezar a cambiar las cosas es en casa. Veamos qué tipos de basura suele generar una familia media en una semana cualquiera:

Papel

Tiramos mucho papel y cartón, casi siempre procedente de cajas y envases, pero también de cuadernos, papel de impresora, facturas y muchas cosas más.

Residuos alimentarios

En este gran montón que ves aquí hay alimentos caducados, sobras de comida y restos de cosas comestibles desechadas mientras se cocina.* Se calcula que, en los países desarrollados, los residuos alimentarios representan la mitad de la basura de un hogar.

*Te habrás dado cuenta de que en este montón no hay helado. Al parecer, el helado casi nunca se tira a la basura. ¿Por qué será?

Plástico

En el mundo actual, hay plástico por todas partes. Es muy práctico, pero también es uno de los elementos que están más presentes en nuestros residuos. Piensa en las botellas de plástico, los envases y envoltorios, las pajitas de beber, los tetrabriks, el cepillo de dientes viejo...

Vidrio

El cristal que tiramos a la basura en casa suele ser el de envases como botellas y tarros. Los ojos de cristal no se tiran tanto a la basura.

Metal

Entre los residuos metálicos puedes encontrar latas de comida, latas de aluminio para bebidas, tapas de tarros, tapones de botellas, aquel muelle loco medio roto, clips sujetapapeles, grapas, clavos, cucharas dobladas y muchas cosas más.

Cosas rotas

Muchas veces hay que tirar cosas que no se pueden arreglar ni reciclar, como bombillas rotas, pilas de un solo uso o esos calzoncillos viejos guardados en el fondo del cajón.

¿Cuánto tarda en descomponerse nuestra basura?

Actualmente, la mayor parte de la basura que generamos en casa acaba en un vertedero (un gran agujero en el suelo). Allí, nuestros residuos empiezan a descomponerse lentamente en trocitos cada vez más pequeños hasta que al final no se parecen en nada a lo que habíamos tirado a la basura. Pero, según el material del que estén hechos, hay residuos que tardan muchísimo en descomponerse.

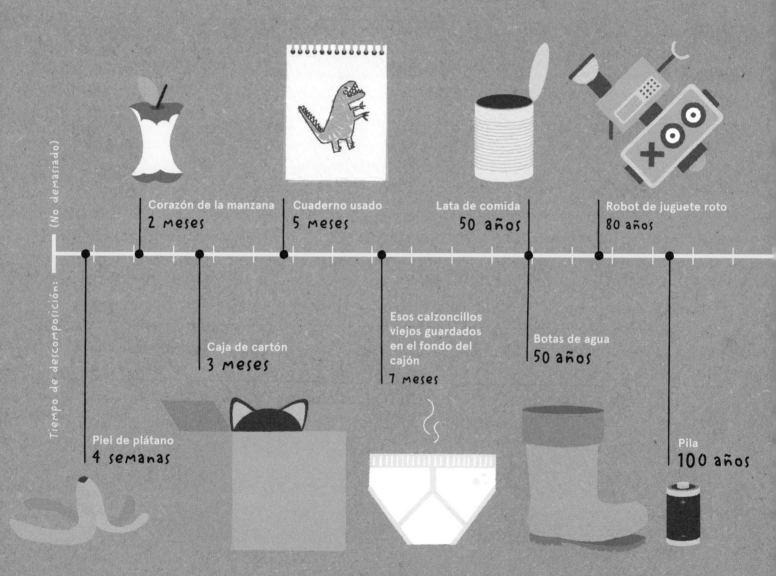

(No demasiado)

Tiempo de descomposición:

Corazón de la manzana
2 meses

Cuaderno usado
5 meses

Lata de comida
50 años

Robot de juguete roto
80 años

Caja de cartón
3 meses

Esos calzoncillos viejos guardados en el fondo del cajón
7 meses

Botas de agua
50 años

Piel de plátano
4 semanas

Pila
100 años

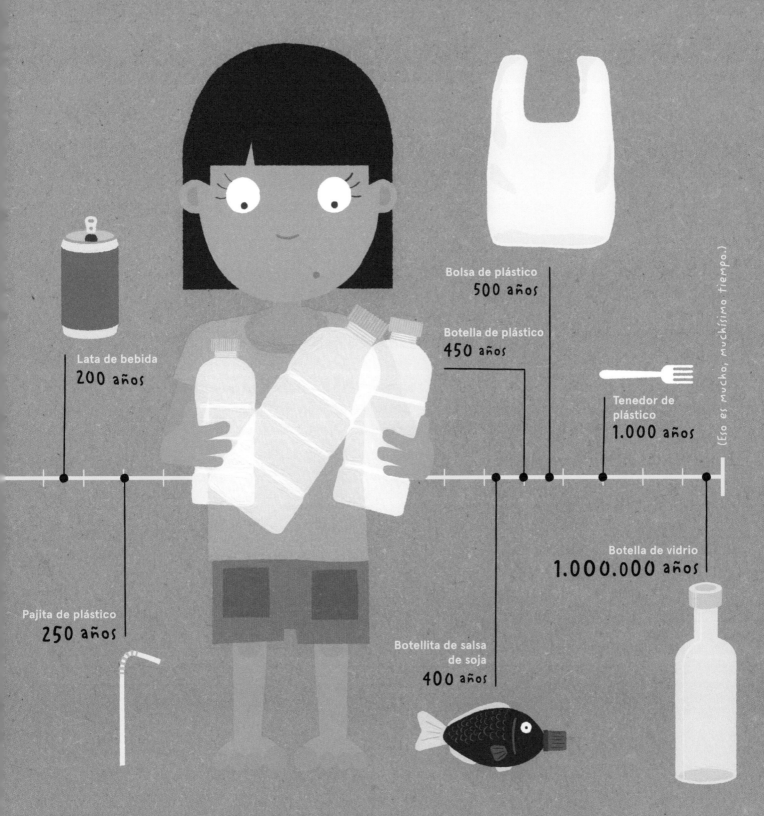

Lata de bebida
200 años

Pajita de plástico
250 años

Bolsa de plástico
500 años

Botella de plástico
450 años

Tenedor de plástico
1.000 años

(Eso es mucho, muchísimo tiempo.)

Botella de vidrio
1.000.000 años

Botellita de salsa de soja
400 años

¿Has visto esa botella de vidrio? ¡Un millón de años para descomponerse!
Por eso es tan importante que gestionemos nuestros residuos de la mejor
forma posible.

Así pues, nuestros residuos pueden tardar varias generaciones en desaparecer, y depende de todos nosotros que terminen sus días en el lugar adecuado. Pero ¿adónde va a parar la basura que tiramos?

Recorrido de la basura n.º 1:

Vertedero

La mayor parte de las cosas que tiramos en casa acaban en el vertedero. Los vertederos son unos pozos enormes y malolientes en los que se entierran los residuos para que se descompongan muy muy despacio.

CH_4

Durante la descomposición de su apestoso contenido, los vertederos emiten muchos gases de efecto invernadero, gases malos como el dióxido de carbono (CO_2) y el metano (CH_4), que están calentando el planeta demasiado deprisa. Por lo tanto, cuantos menos residuos mandemos al vertedero, mejor.

CO_2

CO_2 CH_4

Recorrido de la basura n.º 2:

Reciclaje

¡Por suerte muchos de nuestros desperdicios no tendrán que ir al vertedero si los reciclamos!

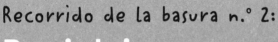

El reciclaje significa que muchos residuos domésticos, en lugar de ser enterrados, se pueden lavar y triturar para obtener la materia prima de la que están hechos y fabricar nuevos productos reciclados con ella.

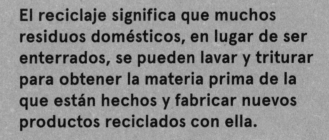

Fabricar cosas con materiales reciclados supone mucho menos despilfarro que fabricarlas con materiales nuevos.

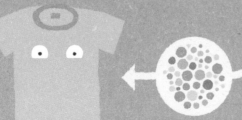

¡Con plástico reciclado se puede hacer hasta ropa nueva!

Recorrido de la basura n.º 3:
Medio ambiente

El peor de los lugares a los que puede ir a parar nuestra basura es al medio ambiente.

Esto sucede cuando tiramos la basura sin pensar y no utilizamos ni los contenedores de reciclaje ni los de residuos no reciclables. Por desgracia, todavía hay mucha basura que acaba en algún entorno natural.

En la mayoría de los casos pasan por las alcantarillas, los arroyos y los ríos... hasta llegar al mar, donde tienen un efecto devastador en los seres vivos que lo habitan.

Por eso, cuando veas basura en el campo o en la playa, o incluso en la calle, recógela —solo si es seguro— y tírala a alguna papelera. ¡Con todas las medidas de seguridad, claro!

¡Uy!

Piensa en ellos.

↳ Los **restos de comida** se pueden convertir en **comida para las plantas** (mientras hacen felices a muchos seres minúsculos).

Recorrido de la basura n.º 4:

Un nuevo uso

A veces podemos darles otro uso a cosas que ya no nos sirven, o se las podemos pasar a otras personas a a las que sí les servirán.

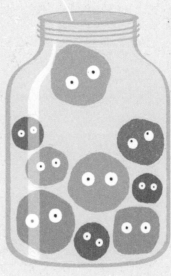

¡Un **tarro viejo** puede ir muy bien para guardar tu colección de piedras!

La **ropa** que se te ha quedado pequeña se la puedes dar a algún niño o niña o la puedes llevar a alguna **tienda de segunda mano.**

¡Un par de latas se pueden convertir en un **teléfono!**

¿Cómo puedes ayudar tú a combatir el exceso de residuos?

Te parecerá que individualmente es poco lo que podemos hacer, pero la Tierra la habitamos casi ocho mil millones de personas. Si cada uno de nosotros hace un poquito, podemos provocar un cambio enorme. Aquí tienes cinco formas de ayudar a tu planeta. Cinco formas llenas de erres.

1 ¡Reducir!

Compra menos, compra mejor

¡Una de las mejores formas de reducir nuestros residuos es comprando menos! Hay muchas cosas que se fabrican pero que realmente no hacen falta, o que se fabrican para que duren poco. Antes de comprar algo, piensa en si de verdad lo necesitas. Y, si es así, elige cosas de calidad en lugar de cosas mal hechas que se romperán enseguida.

¡Argh!

Fig. 1. Juguete barato recién comprado.

Fig. 2. Al día siguiente...

Desconecta

La electricidad que alimenta la mayoría de los hogares procede de una fuente de energía que hace mucho daño al medio ambiente y supone un gran despilfarro: la combustión de carbón. Por eso, aunque tú no verás los cambios directamente, si reduces la cantidad de energía que gastas en casa, reducirás ese despilfarro y ayudarás a enfriar nuestro amado planeta. Cinco formas fáciles de ayudar:

Apaga
Apaga la tele o el ordenador cuando nadie lo utilice. Apaga los interruptores.

Refresca
En verano abre las ventanas y pon el ventilador mejor que el aire acondicionado.

Abrígate
En los meses de invierno utiliza gorros y jerséis en lugar de subir la calefacción.

Sin gotas
Cierra bien los grifos y toma duchas cortas. Se gasta mucha energía al limpiar y calentar el agua que usamos.

Libérate
Siempre que puedas juega en el exterior. ¡Y lee! ¡Y cuenta chistes! Las mejores cosas de la vida no necesitan electricidad.

Plásticos de un solo uso

¡Buuuuuuu!

Uno de los mayores retos que nos plantean los residuos es la contaminación del mar por los plásticos. En la mayoría de los casos se debe a los productos de un solo uso, objetos fabricados para usar y tirar.

Los animales marinos suelen confundir nuestros residuos plásticos flotantes con comida, y las consecuencias son terribles.

A ojos de una tortuga hambrienta, una **bolsa de plástico** flotando a la deriva se parece mucho a una deliciosa m e d u s a.

Tú puedes ayudar al planeta utilizando cada vez menos plásticos de un solo uso. Anima a tu familia y a tus amigos a hacer lo mismo. Si dejamos de usar estos productos, llegará un momento en que las empresas dejarán de fabricarlos. Si no compramos basura, ¡no fabricarán basura!

② ¡Reutiliza!

Reutilizar significa mantener las cosas en uso durante el máximo tiempo posible. Presta atención a todo lo que creas que se puede volver a utilizar antes de que acabe en el vertedero.

¡Haz **títeres** con los **calcetines** viejos! (Consejo: lávalos antes, que los espectáculos de marionetas **apestosas** no suelen tener mucho público.)

Si está roto, ¡repáralo!

Hay muchas cosas que un día u otro acaban rompiéndose, pero la mayoría pueden repararse. Cuando arreglas algo, se vuelve más especial para ti, porque la reparación pasa a formar parte de su historia.

Pide a alguna persona adulta con quien te lleves bien que te ayude a **reparar** cosas.

Regálalo

Si no puedes reutilizar algo pero sabes que aún está en buen estado, puedes llevarlo a alguna tienda de segunda mano. Este tipo de establecimientos ayudan a nuestro planeta porque impiden que muchas cosas vayan a parar al vertedero y al mismo tiempo reducen la demanda de nuevos productos.

Muchas tiendas de segunda mano pertenecen a organizaciones benéficas y destinan sus ganancias a ayudar a los demás.

¡Mira cómo puedes reutilizar una caja de huevos para tener un huerto propio!

Necesitarás:

Una caja de huevos
(los huevos no
hacen falta)

Guantes

Semillas de tomate

Semillas

Una cucharilla

Tierra preparada
para macetas

Agua

Cómo se hace:

¡Qué gustito!

1 **Pon tierra**
Pon preparado de tierra en las cavidades de la caja. Llena cada una hasta que la tierra quede a 1 cm del borde.

2 **Planta las semillas**
Planta dos o tres semillas por cavidad y tápalas con otra capa de tierra de 1 cm.

3 **Empújalas**
Utilizando los guantes, aprieta poco a poco la tierra de arriba para que las semillas queden bien metidas.

4 **Pon agua**
Echa unas cuantas cucharaditas de agua en la tierra, hasta que la capa de arriba quede húmeda y uniforme.

Bienvenidos

5 **Busca un buen lugar**
Busca para tus semillas un sitio con luz, pero donde no dé directamente el sol. Los alféizares de las ventanas, los balcones y los porches son lugares ideales para las plantas jóvenes.

6 **Cuídalas**
Comprueba cómo están tus semillas cada mañana y cada noche. Si la capa de arriba está un poco seca, añade varias cucharaditas de agua. La tierra tiene que quedar húmeda, pero no mojada.

7 **¡A crecer!**
Al cabo de una semana ya deberías ver brotes verdes. Cuando ya estén crecidos, replántalos en un suelo de tierra o en una maceta más grande, ¡con la caja de huevos y todo!

↓

¡Las **raíces** atravesarán la caja y el cartón se convertirá en **compost**!

③ ¡Recicla!

Cuanto más reciclamos los residuos de casa, menos basura mandamos al vertedero. Es una de las formas más fáciles de ayudar al planeta.

¡Sí! ¡Dame la lata!

Como en el proceso de reciclaje se reutilizan materiales que ya han sido fabricados, también es menor la cantidad de recursos que tendremos que quitarle al planeta.

Cuando reciclamos algo —en lugar de mandarlo al vertedero, donde no volveremos a verlo nunca más—, ¡le damos una nueva y gloriosa vida!

¿Qué se puede reciclar en casa?

Por desgracia, no toda la basura que generamos en casa se puede reciclar. Aquí tienes una lista general de cosas que se pueden (y que no se pueden) poner en el contenedor de reciclaje de casa:

¡Sí!

 **♻ Plástico rígido**
- Botellas de bebida
- Tetrabriks de zumo y de leche
- Tarrinas para fruta
- Botellas de champú
- Recipientes de comida para llevar

 **♻ Metal**
- Latas de bebida
- Latas de comida
- Aerosoles
- Papel de aluminio

↳ *(Si se arruga como una bola.)*

 **♻ Vidrio**
- Tarros de alimentos
- Botellas verdes
- Botellas marrones
- Botellas incoloras

 **♻ Papel**
- Cuadernos
- Papel para impresora
- Revistas y periódicos
- Correo de propaganda
- Cajas de cartón

↖ *Antes de reciclar una caja de cartón ¡asegúrate de que no contenga ninguna mascota!*

¡No!

 **✖ Cosas que hay por casa**
- Ropa y retales
- Juguetes rotos
- Cerámica y vajilla para horno
- Envases de polietileno
- Bombillas rotas

 **✖ Residuos médicos**
- Tiritas
- Pañales
- Toallitas húmedas
- Jeringuillas
- Ojos de cristal

 **✖ Plástico no rígido**
- Todo tipo de envasado flexible (como bolsas de pan de molde, bolsas de congelados, bolsas de chuches y bolsas de las cajas de cereales)
- Plástico de burbujas
- Bolsas de plástico

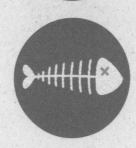 **✖ Residuos orgánicos**
- Restos de alimentos
- Residuos de jardín
- Cabello cortado
- Caca de mascotas
- Exmascotas

↑ *En muchos sitios puedes juntar todos estos residuos y llevarlos a* **centros especializados de reciclaje de plástico no rígido.** *¡Bieen!*

④ ¡Renueva!

Una de las cosas que da más problemas
son los residuos alimentarios, que acaban
ocupando casi la mitad de todos los
vertederos de los países desarrollados.

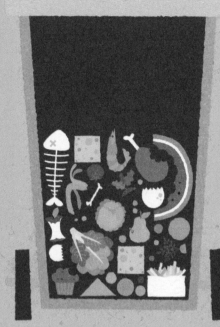

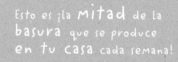
Esto es ¡la **mitad** de la
basura que se produce
en **tu casa** cada semana!

Se calcula que acabamos tirando en
torno a una de cada cinco bolsas de
comida que llevamos a casa.

Cuando por fin empiezan a descomponerse en el
vertedero, los residuos alimentarios desprenden
un gas llamado metano. Es un gas natural, pero,
por desgracia, el metano atrapa el calor en la
atmósfera, lo cual produce el calentamiento de
nuestro planeta y provoca todo tipo de problemas.

Nota muy seria: Como todos sabemos, tras aguantar las
ventosidades de nuestros compañeros humanos, hay gases
de origen natural que no son precisamente agradables.

Pero ¡tengo buenas noticias!
Los residuos alimentarios son orgánicos, es decir, nacieron
dentro de la tierra o sobre ella. Por eso, en lugar de tirarlos
al vertedero para que emitan gases nocivos, podemos devolver
algunos al ciclo natural para que se renueven.

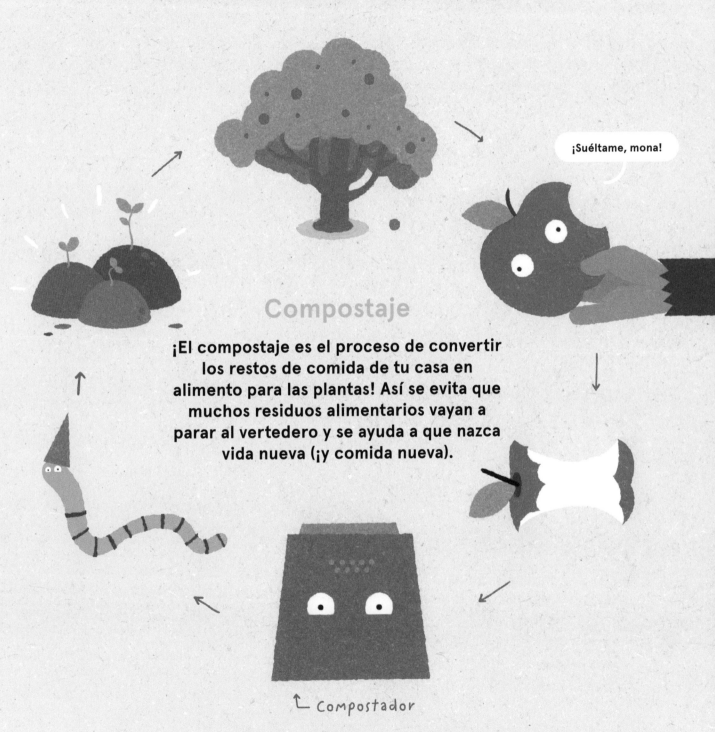

Compostaje

¡El compostaje es el proceso de convertir
los restos de comida de tu casa en
alimento para las plantas! Así se evita que
muchos residuos alimentarios vayan a
parar al vertedero y se ayuda a que nazca
vida nueva (¡y comida nueva).

↳ Compostador

Con el compostaje puedes reducir los residuos alimentarios
de tu hogar y contribuir a que el pequeño rincón del mundo
que habitas sea un lugar más rico. Veamos cómo...

Cómo hacer compost

Hay muchas formas de convertir tus restos de comida en compost. Tanto si vives en la ciudad como en el campo, ¡puedes convertir las sobras de comida de tu casa en alimento para las plantas!

El método que vamos a explicarte para conseguirlo está pensado para tenerlo en un rincón de un patio o jardín. (Si no tienes ni patio ni jardín, encontrarás un montón de ideas alternativas para hacer compost en pisos cerrados o en espacios exteriores reducidos).

Necesitarás:

Un rincón soleado del jardín o del patio

Un compostador

Un montón de restos de comida

Hojas y restos de hierba cortada secos, ramitas o cualquier otro material orgánico seco (y muerto)

Agua

¿Qué se puede compostar?

Verduras y hortalizas   Fruta   Cereales   Té y café   Residuos de jardín   Cáscaras de huevo

¡No!

¡Ejem!

Carne   Queso   Grasas   Caca   Restos no orgánicos   Ojos de cristal

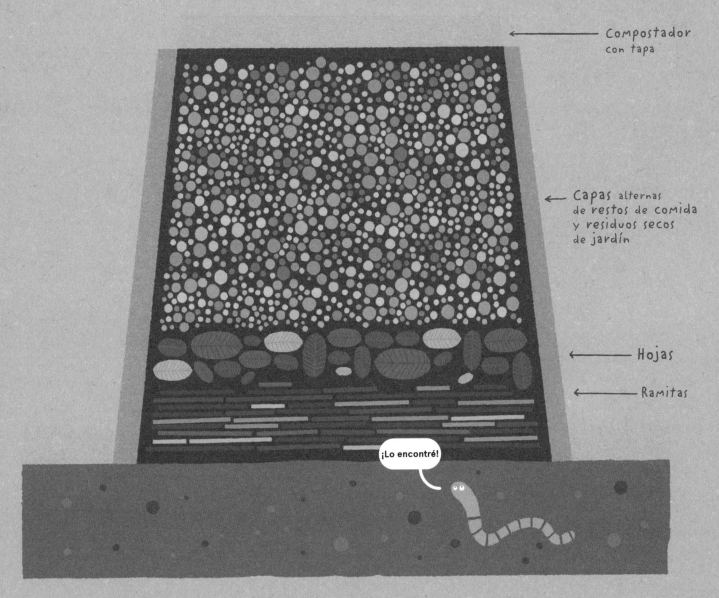

Compostador con tapa

Capas alternas de restos de comida y residuos secos de jardín

Hojas

Ramitas

¡Lo encontré!

① Busca un rincón adecuado

Pon tu compostador en algún rincón soleado al que sea fácil llegar pero que no estorbe. Colócalo directamente sobre el suelo de tierra para que los gusanos (y compañía) puedan llegar a los restos de comida.

② Crea una capa de base

Cubre el suelo que quedará bajo el compostador con una base de hojas, ramitas y palitos secos. Esto servirá para que circule el aire y ayudará a los descomponedores a hacer su trabajo.

③ Coloca restos de comida

Coloca una primera capa de restos de comida encima de la capa de ramitas y hojas secas. Ve poniendo restos cada día en el compostador hasta que consigas una capa de restos de comida de unos 10 cm de profundidad.

④ Coloca una capa seca

Cubre la primera capa de restos de comida con residuos de jardín: materia orgánica muerta y de color marrón, como hojas, ramitas, etc. Intenta que se forme una capa de residuos secos de 10 cm de profundidad.

⑤ ¡Repite!

Repite alternando capas de restos de comida y de residuos secos de jardín hasta que todo el compostador esté lleno. ¡Estás evitando que todos estos restos de comida acaben enterrados en el vertedero!

⑥ Y ahora, ¡a esperar!

Se tarda entre 3 y 12 meses en que se forme un buen compost, según el clima que haga donde tú vives, lo que hayas puesto en el compost y las ganas que le pongan los gusanos. O sea que cárgate de pa-cien-cia.

⑦ Espera aún más

¡Entre 3 y 12 meses es muchísimo tiempo! Mientras esperas, puedes ir pensando dónde utilizarás el compost cuando ya esté listo para usar.

⑧ ¿Ya?

El compost es oscuro y se desmenuza, y desprende un olor a tierra. Pídele a alguna persona adulta con quien te lleves bien que te ayude a saber si ya se puede utilizar.

⑨ ¡Alimenta plantas!

Cuando el compost está listo, puedes alimentar con él las plantas de casa, el jardín o los árboles cercanos (¡hasta podrías plantar una planta bananera!).

¡Implicarse de verdad!

Cuando te preocupe mucho un tema concreto, actúa para hacerte oír. Puedes influir positivamente en la forma en la que piensan los demás.

← Puedes ir a una manifestación de apoyo de alguna causa en la que creas.

También puedes mandar una carta a tu supermercado habitual para pedirles amablemente que usen menos envases de plástico para la fruta y la verdura.

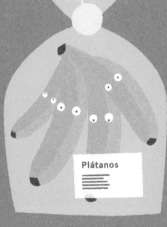

Plátanos

(¡Liberad a los plátanos!)

Habla

Habla con tu familia y tus amigos sobre la reducción, la reutilización y el reciclaje de residuos. Cuanta más gente sepa sobre esto, más cambios positivos podremos hacer por el planeta.

Cuando tengas algún **cumpleaños** piensa en regalar **plantas o árboles** autóctonos, en lugar de comprar cosas fabricadas.

Limpia

Hay mucha buena gente que sale en familia o con amigos a recoger basura tirada en su rincón del planeta, y se lo pasan muy bien. Puedes apuntarte a algún grupo local de limpieza del parque, las zonas de juegos infantiles o la playa más cercanos.

Actúa

Presta un apoyo activo a las organizaciones y las personas que más esfuerzo hacen para ayudar al planeta. Evita, en cambio, a las que solo actúan en interés propio y no en el de la Tierra.

Tú, yo, tu familia, tus amigos (sí, ¡hasta los más gamberros!)... somos los guardianes temporales de este bonito y pequeño planeta llamado Tierra.

Es el único hogar que tenemos y de nosotros depende cuidarlo bien. Aprovecha las ideas que hay en este libro para ayudar a limpiar nuestro precioso mundo y, con el tiempo, verás cómo se apunta más gente a hacer lo mismo.

Los cambios positivos llegan cuando la gente buena hace cosas buenas. Tú puedes ser el cambio. ¡El planeta te necesita!

PARA ARTHUR,
CON AMOR

Este libro es una introducción muy breve al complejo tema de los residuos.
Su intención es ofrecer una primera visión optimista hacia el compromiso positivo de
los más jóvenes con un tema que al final resulta esencial para la supervivencia de todos
los seres vivos en este planeta. Espero que las ideas expuestas en estas páginas sean lo
bastante accesibles para que las entiendan las mentes más jóvenes y lo bastante sencillas
para que las puedan poner en práctica las mentes algo más mayorcitas.

PHILIP BUNTING

Título original inglés: *Your planet needs you.*
Autor: Philip Bunting.

Publicado por primera vez en Australia por Little Hare,
un sello de Hardie Grant Egmont. Derechos negociados por
Ute Körner Literary Agent – www.uklitag.com.
Todos los derechos reservados.
© Philip Bunting, 2020.
© de la traducción: Isabel Llasat Botija, 2020.
© de esta edición: RBA Libros, S.A., 2020.
Avda. Diagonal, 189 - 08018 Barcelona
rbalibros.com

Primera edición: noviembre de 2020.

RBA MOLINO
REF.: MONL753
ISBN: 978-84-272-9961-0
DEPÓSITO LEGAL: B-16.607-2020

MAQUETACIÓN: AURA DIGIT

Impreso en España - *Printed in Spain*

Reconocimiento al país: Desearía expresar mi agradecimiento a los guardianes tradicionales
de la tierra en la que vivo y trabajo y mostrar mis respetos a la nación gubbi gubbi. Muestro mis respetos
a los ancianos de la comunidad y extiendo mi reconocimiento a sus descendientes. Philip Bunting